남강의 추억

남강의 추억

정 일 광 시집

무엇이 진리인지 어떤 삶이 행복한지는 알 수 없지만
늘 그 자리에서 늘 그랬던 것처럼

난, 오늘도 나의 삶을 쫓아
나만의 길을 걷는다

도서출판 천우

● 시인의 말

한 번씩 들리던 주막도, 가끔씩 그려보던 추억도,
계절의 변화도, 시를 쓰면서 새로움을 느껴봅니다.
그냥 지나치던 대상이 글로써 표현되고 독자들에게
공감이 될 수 있을까 고민도 해보면서,
아직 다듬어지지 않은 미성숙된 표현이지만
조금씩 표현의 깊이를 더해가면서 독자들에게
울림을 전해 줄 그날을 위해
조금씩 글을 올려볼까 합니다.
처음 내어보는 시집이지만
오래 두어도 변하지 않는 사랑을 꿈꾸며
사랑으로 만들어 가는 세상, 우리가 사는 모습
미력하나마 글로써 잘 숙성된 청국장처럼
마음의 깊이를 담아 보겠습니다.

2025년 7월 14일
정일광

제1부
내 고향 진주

- 시인의 말
- 월간 문학세계 시부문 등단 작품 기억의 저편 외 2편 __ 11

내 고향 진주 __ 17
지리산 대원사 __ 18
진양호 호반 __ 19
진양호 물빛 위에 __ 20
남강의 추억 __ 21
촉석루 __ 22
의기사(논개 사당) __ 23
논개 __ 24
창열사 참배 __ 25
남강의 아침 __ 26
남강의 진주교 __ 28
진주 약수암 __ 29
망진산(진주) __ 30
까꼬실 __ 31
내 고향의 봄 __ 32
어머니 __ 34
홀로 되신 아버지의 9년 __ 37
진주 뒤벼리 __ 40
모내기 __ 41
24년 중학교 동창 송년회 __ 42
장꼬방 __ 44

제2부

꽃피고 지는 이유

봄이 오면 생각나는 사람 __ 47

까치집 __ 48

첫눈 __ 49

겨울 속 봄눈 __ 50

봄비 __ 51

가을비 __ 52

꽃샘추위의 교훈 __ 53

봄의 탄생 __ 54

동백 __ 56

산수유 __ 57

능소화 __ 58

오디 __ 59

밤꽃 __ 60

아카시 꽃 __ 61

장미의 시간 __ 62

담쟁이 __ 64

라일락 __ 66

벚꽃의 뒤안길 __ 67

아픈 매화 __ 68

목련의 개화 __ 69

겨울의 서정 __ 70

제3부
서리풀 골목마다

평택 칼국수 집에서 _ 73
세일링 파라다이스(여의도 선착장)에서 _ 74
까치고개 _ 76
양재천의 봄 _ 77
서리풀공원 누에다리 _ 78
몽마르뜨 공원 _ 79
말죽거리 노포에서 _ 80
서울시립 남서울미술관에서 _ 82
관악산 원각사 와불 _ 83
예술의 전당 _ 84
효민공 이경직 묘역 _ 85
정각사 _ 86
느린마을 양조장 _ 87
도반 _ 88
남일대 코끼리 바위 _ 89
관악산 여명 _ 90

제4부
잊을 수 없어서

네가 보고플 때 __ 93

비 내리는 새벽 __ 94

너 없는 동안 __ 95

눈으로 쓴 편지 __ 96

그렇게 가려거든 __ 97

그러지 말거라 __ 98

마음의 상처 __ 100

받지 못할 편지 __ 101

사진 속 우리 __ 102

내가 너라면 __ 103

빈자리 __ 104

새벽달 __ 105

잊을 수 없어서 __ 106

짝 잃은 비둘기 __ 108

무명초 __ 110

인연 __ 111

신발의 이름 __ 112

삶의 의미 __ 113

숲속에서 __ 114

기다림 __ 115

커피 한 잔 __ 116

제5부

저만치 가는 세월

땀이 주는 선물 __ 119
렌터카 인생 __ 120
세차 __ 122
경계점 측량 __ 123
굴포천 철새들 __ 124
러브버그 __ 126
푸드 트럭 __ 127
경비원의 가을 __ 128
노령연금 __ 129
산불 기도 __ 130
세밑 기도 __ 132
서실의 시간 __ 134
오늘, 나는 __ 135
저만치 가는 세월 __ 136

●해설 남도의 서정 위에 써 내려간
        생활 시의 따스한 접근 / 조용연 __ 138

월간 문학세계 시부문 등단 작품

기억의 저편 외 2편

희미한 가로등이
하나둘 불을 밝히면

가끔씩 찾아오는
오래된 기억

서툴고 부족했기에
더 아련한 시간의 조각

공간을 채우지 못해
시리게 간직한 여백

따뜻한 봄날
왔다가 사라진 아지랑이처럼

기억 속에 남아 살아있는
이별의 따뜻한 그림자

되돌아갈 수 없는
기억의 저편

월간 문학세계 시부문 등단 작품

전하지 못한 마음

두어 달 넘게 얼굴을 못 봐서
자꾸만 마음이 간다

두자 반 관리실에서
늘 상 부지런하셨던

다정다감하고 인정 많던
관리실 아저씨

분리수거하던 쓸쓸한 뒷모습
조금의 여운을 남기던 모습
달빛 그림자처럼 떠오른다

몇 달 전 조기 발견되어
초기에 췌장암 수술을 받았다고

조금은 초췌한 모습으로
우편물을 전해주던 그의
야위어진 손마디 마디마다

습설의 무게를 이기지 못하고 부러진

소나무 가지처럼 가슴을 여미게 한다

마음을 전하려
명절 전에 준비한 조그만 선물 꾸러미

냉기 품은 사무실 한편에서
온기를 기다리며

을사년 새해에 쾌유를 빌고 있다

월간 문학세계 시부문 등단 작품

부모님의 유산

부모님 생전엔 몰랐던
빈자리가 크게만 느껴질 때

가끔씩 찾게 되는
서울 근교 공원묘원

선산을 버려두고
타향에 입적된 세월 여러 해

부모님의 서글픈 마음
헤아리지 못한 철부지지만

멀리 있어
찾아보지 못하는 아픔보다

가까이 있어
찾아뵐 수 있는 기쁨이 크다

형제간 우애 있게 지내라고
만들어 주신 영생의 자리

부모님의 크나큰 유산으로
을사년을 열며 가슴에 담는다

제1부

내 고향 진주

내 고향 진주

남강의 여울은 진주성 품고
논개의 초상은 진주호 안는다

남강에 뿌려진 어린 논개의 영혼
형형색색 연등을 높이 밝히고

사계절의 진혼곡
계절을 따라 음색 맞춘다

진주가 만든 진주의 소야곡
흘러가는 구름도 지나가는 바람도

물에 젖은 물새의 날갯짓
빗물이 만드는 비가도

진주의 영혼을 담아
남으로 세계를 향하여 흘려보낸다

지리산 대원사

지리산 깊은 골
인적조차 드문 곳

비구니 스님들
수행하는 목탁 소리

산사에 울려 퍼지는
속세의 모든 번뇌들

풍경소리에
날려 보낸다

진양호 호반

남덕유산 줄기에서 시작된 물줄기
실핏줄로 모으고 모여들어
남강과 덕천강 만나는 곳
두 줄기 물갈래 하나로 만들었네

흘러내리는 허리 허리마다
특산물 재배하는 촌락 형성되고
풍경 좋은 강 마루 캠핑장 들어서고
뜨거운 여름 식혀줄 래프팅 장소
물 만나는 정류장마다 저마다 풍경 자아낸다

한번 떠나면 다시는 올 수 없기에
한때 생명수 담았다가 식수원 해결하고
물이 넘치면 홍수 피해 입을까
양 갈래로 물을 토한다
한 갈래는 사천만으로
또 한 갈래는 낙동강으로

그렇게 진양호 호반의 역사
진주 시민의 파수꾼 된다

진양호 물빛 위에

해 뜨는 새벽녘에
물안개 성지를 만들고

따스한 한낮에는
투영된 풍경 만들어간다

해 질 녘 노을이 물들면
붉은 용암을 담아내고

호수에 어둠이 내리면
달그림자 쪽배 띄운다

비가 오는 날이면
연기처럼 피어나는
운무를 그리고

눈이 오는 날이면
하이얀 추억담 가슴에 쌓는다

남강의 추억

드넓은 백사장에
물새들 알 낳고

강태공들 낚시하며
나룻배 다니던 곳

남강의 흘러간 추억
그 시절 그립다

촉석루

그대의 다른 이름 남장대
진주성의 남측 지휘소

남강을 굽어보며
의암바위 안고 있네

내 안에 감춰진 역사
무수히 많지만

그래도 잊히지 않는 건
논개의 의기가 아닐까

너는 알고 있겠지
충절한 여인의 고귀한 희생

나라를 짓밟힌
진주 시민의 슬픈 분노를

의기사(논개 사당)

해마다 여름이면
논개 제사 모시지만

이곳에서 합장하면
당신의 혼 본받을까

의기사 영정 앞에서
민족의 얼 새긴다

논개

일제에게 짓밟힌 한
오뉴월 서리되어

의암바위 올라서서
죽음에 입 맞췄소

당신의 뜨거운 한을
남가람은 알겠지

창열사 참배

이른 아침 창열사에 들어서면
저절로 다져진 마음 숙연해진다

임진왜란 순국 선인들께 참배 후
그때, 그 절규 그 아우성 귓전에 들리는 듯

무심히 흘러가는 남강 물
시민들의 애환으로 붉게 물들였으리라

김시민 장군과 진주 성민들
끝까지 항전하다 산화한 선인들 신위 앞에서

지금의 조국이 있음을 작금의 우리가 있음을
가슴 깊이 아로새겨 보는 왜

남강의 아침

아침의 남강은
망진산 품고

둔치의 대나무
설은 잠 깨운다

촉석루의 누각
길마중 채비하고

남강에 잠긴 의암바위
가락지를 찾는다

호국사의 풍경소리
서장대 깨우고

창열사의 순국선인
안위 물어온다

오늘도 강물에 투영된
어린 논개의 넋 기리며

잔잔한 은비늘 위
물안개 수놓고

얼굴 내민 모래톱
물새들 불러 세운다

남강의 진주교

의암바위 능선 바라보며
가락지 끼고 앉아

논개 정절을 애상하며
물길 돌린다

촉석루 누각
석양을 받아 빛발하고

남강의 일렁이는 물결
논개의 영혼 담는다

노을로 붉게 물들어 가는
강물의 여울 삼키며

의암바위 바라보며
피눈물 흘려보낸다

진주 약수암

좁은 비탈길 따라
칠봉산 비껴들어

높지 않은 산중턱
작은 암자 하나

눈앞의 남강
무심을 노래하고

산새들의 합창소리
염불 대신한다

어머니 살아생전
연등을 공양하던 약수암

어머니 49재 모신
모성의 별자리

망진산(진주)

남강 휘돌아 감고
진주를 엄호한다

확 트인 시야에
작아져 버린 도시 풍경

진주 시민의 안녕을 기원하고
위난이 생기면 불을 밝히던 봉수대

그 산 아래 펼쳐진
푸른 강물과 은빛 모래

김시민 목사와
논개의 얼이 숨 쉬는 진주성지

더불어 천년의 역사 이어 온
진주 시민의 표상이어라

까꼬실

백두대간 두류로
꼬리를 담그고

황학산 둘러싸고
유유자적한 호반을 그린다

긴 강물 구비 돌아
두물머리 만나는 곳

수몰로 고향 잃은
실향민의 애환은

물안개로 피었다가
강물에 투영되고

지리산의 젖줄
가슴을 키워

목마른 진주
진양호를 품고 있다

내 고향의 봄

내 고향 남쪽에는
봄이 왔겠지

툇마루에 걸터앉아
헤어 보던

파란 새싹들의
숨바꼭질도

먼 들녘에 피어나던
아지랑이도

사립문 사이로
고개를 내밀던 개나리 철쭉도

옆집을 기웃거리던
담쟁이덩굴도

아버지가 쓰시던
싸리 지게도

어머니가 신으시던
하얀 고무신에도

손때 묻어 반질한
농기구에도

봄은 또
찾아왔겠지

다시는 갈 수 없는
귀로의 문틈으로

문패가 바뀐
고향집 사랑채에도
봄은 스미어 들었겠지

어머니

앞 동네 뒷마을에 조그만 밭떼기들
한겨울 지나면서 봄기운 맞이한다
더불어 분주해지는 어머니의 손가락

한쪽엔 흙을 갈고 한쪽에는 희망 걸고
부드럽게 부서진 흙더미 사이로
한 알 한 알 정성스럽게 자식 농사지었소

올해는 건강하고 풍요롭게 자라라고
자양분 부족할까 젖먹이는 심정으로
자식들 어루만지듯 기도하는 마음으로

호미질 가래질 힘들다고 마다않고
산비탈에 다랭이 밭 힘들게 일구어서
돌멩이 사이사이로 빈틈없이 씨앗 뿌려

한 톨 한 톨 애지중지 가슴 아픈 절규지만
우리 자식 생각하며 고통도 희망이라
하루도 편한 날 없이 쉼 없이 사시었소

밭고랑 사이사이 올라오던 풀들도
자식에게 해가 될까 빈틈없이 솎아 내고
행여나 넘어질까 봐 북돋우고 받쳐주고

제대로 못 자라면 그것도 내 탓이라
비가 오면 아파할까 바람 불면 넘어질까
시간을 잊어버린 듯 가빠지는 모성애

그러한 땀방울이 겹겹이 흘러내려
건강하고 탐스러운 자식 농사지었지만
판로를 생각해 보며 기나긴 한숨이라

너무 일찍 출하하면 사람대접 못 받을까
하루라도 늦어지면 자식에게 누가될까
그러한 순간순간이 잔주름 밭이 되고

두렁길 마다않고 고무 다라 받쳐 이고
새벽인지 야밤인지 고무신 벗을 삼아
자식들 부둥켜 안고 십리 길을 다녔소

주위 사람 힘들세라 힘든 내색 못 하시고
가족들 얼굴 보며 밝은 웃음 지으시던
당신의 환한 미소가 너무나 그립습니다

홀로 되신 아버지의 9년

병환으로 힘들었던
어머니를 먼저 보내드리고
만남의 기약 없는
어둠 속에서
홀로 보내신
아버지의 잃어버린 9년

어머니 돌아가시던 날
목이 메어
말씀조차 못 하시고
흐느끼던
당신의 울부짖음이
그렇게 큰 멍에인 줄은
그때는 몰랐습니다

어머니가 입고 쓰시던
옷과 장식품
밥그릇과 숟가락까지도
어느 한 가지도 버리지 말라고
그냥 놔두라고

손때 묻고 헐은
어머니의 분신들을
버리지 못하고
그 체취를
가슴에 품으셨습니다

서랍 속에 고이 간직해 둔
환히 웃고 있는 액자 속 어머니의
사진을 보는 것이
아버지의 유일한 낙이고
하루의 일과였음을
그때는 왜 몰랐는지

혹여라도 자식들이
그런 모습을 보며
마음 아파할까
자식들에게는
내색조차 못 하시고
홀로 지나간 세월을
그리움으로 삼켰을 아버지

아버지도 병환으로
병원을 전전하며
입원하고 계시던 날도
어머니의 체취가
얼마나 그리웠으면
아들아, 집에 가자던
마지막 그 말씀이
아직도 가슴을
저려옵니다.

진주 뒤벼리

남가람 거친 물결
온몸으로 받아들여

상처로 얼룩진
그대의 자화상이

진주 천년의 역사
벼랑길을 세웠네

무심히 흘러가는
강물의 노래에도

가슴에 사무친
한 많은 영혼들의

비수가 꽂히고 꽂혀
만들어진 길이여

모내기

소가 끌던 써레는
트랙터가 대신하고

모를 심던 일손은
이앙기가 대신한다

새참과 막걸리는
주막에 걸려있고

흥겹게 부르던 노동요는
기계음이 대신한다

모를 심은 논에
쇠백로는 먹이를 찾고

어둠이 내려앉은 논에
개구리 울음소리 여전히 정겨운데

사람이 떠난 자리
기계만이 노닌다

24년 중학교 동창 송년회

낯익은 사람들이 하나둘 모여드는
신사동의 노포

1년여의 시간 동안 흩어져 있던 시간들
소주잔 취기에 따라 마중 나온다

오늘도 볼 수 없는 친구들의 소식
술잔 속 그리움으로 남겨두며

토막 뉴스 들으면서
안부도 물어보고

그동안 잊고 지냈던 내심의 속살들
동그란 소주잔을 따라 추억을 그리며

가을의 절정에서
우리들의 오늘을 다림질한다

각자 하는 일도, 생각도 다르고
살아가는 방법도 제각각이지만

그래도 오직 하나 변하지 않은 건
잘 익은 청국장 같은 구수한 사투리 동창생들

세월의 시간 길 따라 흐르고 흘러
이제는 잘 숙성된 우리들의 소중한 시간

조금씩 마음을 비워 가면서 건강하고
행복한 삶 엮어 가기를
신사동의 밤하늘에 별빛처럼 새겨본다

장꼬방

장인의 손길로 빗은 도요
배를 내밀고

먼 옛날 어머니와 나눈
정분이 그리워

양지바른 마당에
몸을 비빈다

몇 년을 품고 있는 속사정을
알리는 없지만

어머니의 손길을
가슴으로 태우며

깊은 세월을
뜬눈으로 지새운다

제2부

꽃피고 지는 이유

봄이 오면 생각나는 사람

봄이 오면
마른 잎 사이로 고개 내미는
봄, 봄을 찾아서

소쿠리 챙겨 들고
논두렁 밭두렁을 헤매던
짧은 머리 그 소녀 생각이 나고

봄이 오면
초록의 냄새가 나는 산비탈 찾아

누렁이 몰고 워낭소리 울리며
풀 먹이러 다니던
까까머리 친구가 생각난다

봄이 오면
다시는 올 수 없는 그 봄
그 시절로 돌아가고 싶지만

그때의 친구들
그 봄 기억이나 할까

까치집

튼튼한 나뭇가지 사이로
희망의 나뭇가지 물어다가
신혼집 장만에 열을 올린다

전세도 아니고 월세도 아닌
오롯이 나와 가족을 위한
행복이 가득한 집

변변한 작업 공구 하나 없지만
어깨너머로 배운 기술
발로 주둥이로 밟고 쪼아서

조금 힘들면 큰 소리로
마나님 불러 힘을 보태고

주방용품 가전제품 없어도
강남 지역 아니어도 좋아라

내 마음 편한 곳
그곳을 유토피아로
희망 집을 짓는다

첫눈

처음이라 낯설고
어설프고 어눌하지만

오늘 내린 첫눈
오래되어 익숙하고
능글맞은 숙련공 같다

가을을 아쉬워하는
늦둥이 낙엽들의 계절마저 덮고

어지러운 세상사 다 덮어두고
새로운 출발하라고

나무 위에도
지붕 위에도

길가에 버려진
쓰레기 봉지 위에도

순백색의 순결함으로
치장을 한다

겨울 속 봄눈

반쪽으로 갈라진
이 겨울이 좋아도

다시는
되풀이되지 않기를

계절의
경계에 서서

새로운 길
찾아보라고

겨울 속 봄눈
봄 속의 겨울눈

온 누리를 하얗게
눈으로 덮는다

봄비

뿌옇게 흐려진 공간
봄비가 하염없이 내린다

오염으로 물든
대기를 씻어 내리고

갈증에 목마른 꽃과 나무
빈 들녘에도

희망 노래
변곡점을 알린다

한식을 맞은 오늘
차디찬 음식으로

메마른 대지마다
생명수를 온 누리에 뿌린다

가을비

미동이 멈춰진
적막한 어둠 속

창문 두드리는
가을비 슬픈 가락

이별을 아쉬워하는
빗물들의 구성진 소야곡

꽃샘추위의 교훈

며칠 동안
포근한 날씨

두꺼운 겨울 외투
갈피를 못 찾고

옷장을 기웃기웃
쉼터를 찾다가

뒤늦게 찾아온
꽃샘추위

잠깐 동안 잊고 지낸
너의 존재

꽃샘추위의
가르침으로

긴 겨울을 함께한
고마움을 전한다

봄의 탄생

지난 늦가을
잉태된 태낭

소슬바람과 가을비
따스한 입김으로

흙 위로 떨어져
조심스레 덮여지고

그 위에 뿌려진
낙엽의 분신들

그 속에서 긴 겨울
동면으로 버티다가

계절의 주기에 맞춰
열병 같은 양수 터뜨린다

겨울을 덮고서 힘없이 늘어진
모태의 분신 사이

부모 닮은
얼굴 내밀며

아직도 신열 같은 봄은
그렇게 탄생을 알린다

동백

계절 잃은 습설
비녀 만들어

하이얀 머리
예쁘게 묶고

늦어져 버린
낭군님 소식에

이제야 빠알간
입술 내민 춘백

아직은 여물지 않은
사랑의 화신을 찾아

동박새 돌아오는 날
기다리며

오늘도 봄 마중
다시 그, 길을 나선다

산수유

혼자서 키워 낸
홀어머니의 모성인가

보고 싶은 연인에게
보내는 사랑의 메시지인가

노란색 물감으로
뚜렷하게 자아를 그린다

동행하는 이 없는
외로움 한 조각

아파트 한편에
똬리 틀고

독수공방
가슴에 시린 한

노랗게 한 올 한 올
수를 놓는다

능소화

달궈진 대지에
주황색 벽화를 그리고

초록빛 빗방울에
몸을 식힌다

잰걸음으로
아장아장 기어올라

지친 바람
손 인사하고

언덕길 에워싸고
몸을 부빈다

자기 몸보다 무거운
꽃다발 목에 걸고

님 오실 날 그리며
길마중 나선다

오디

뽕잎이 산화되어
붉은 염주 만들더니

그 열매 더위 먹어
짙은 먹물 드리운다

누에의 보금자리에
어둠만이 내리고

잎 사이로 파고드는
하지의 눈부신 햇살

낙하를 종용하는
이별의 서곡인가

누에를 그리워하는
단심가의 넋인가
아무도 모를 일이다

밤꽃

밤의 욕정이 더위를 달구고
밀월을 품고 암술 숨긴다

부풀어 오른 수술은 향기를 퍼뜨리며
배달부를 부르고

지나가는 바람에도 육신을 맡긴다
너도 밤나무 나도 밤나무

오욕칠정이 부르는 냄새를 따라
산에서 계곡으로 머리에서 가슴으로

아래로 아래로
붉은 꽃물 흘려보낸다

아카시 꽃

녹음방초 우거진
산마루

폭죽을 터뜨리며
섬섬옥수 수를 놓는다

푸르른 물결 위에
빈 마음 올려놓고

멀리 떠난 님 그리워
불을 밝히며

고즈넉한 산야
벌의 궁전 만든다

뒤뚱되며 드나드는
벌의 노래

고개 숙인 어린 꽃
하얗게 웃는다

장미의 시간

푸르름이 익어가는
절정의 시간

빠알간 입술이
혀를 내밀고

인고의 시간
촛불을 밝힌다

가녀린 몸매에
가시를 얹어

언제 떠날지 모르는
너를 호위하지만

먼 기다림
헤어짐의 약속

오는 날 모르고
떠나는 날 알 수 없지만

유한의 무상함
떠날 때의 비련은 서럽지만

까맣게 물들여
하여, 피눈물 흘린다

담쟁이

촉수를 더듬어
방향을 찾고

한발 한발 기어올라
암벽을 탄다

허공을 만나면
사다리를 만들고

사방을 붙잡으며
단단한 돌담 메운다

예쁜 춤사위로
유혹하는 교태 부리며

이웃에게는
탁란을 예고하고

커져가는 잎사귀
주렴을 만들어

벽면의 여백
포옹으로 채운다

라일락

플라타너스 가로수 사이
원추형 꽃다발 손을 내민다
붉고 흰 보라색을 가진

오묘한 색깔과 향수로
지나가는 길손들
걸음을 세우고

흔들리는 바람에도
화들짝 얼굴을 붉힌다

첫사랑의 날카로운 애모
젊은 날의 추억을 머금은

수수를 닮은
아름다운 너의 이름
수수꽃다리

벚꽃의 뒤안길

만개한 벚꽃
봄비가 내리더니

푸르른 잎을 내밀고
꽃비를 뿌린다

마당에 떨어진 꽃비
빗물 되어 흐르고

바닥을 덧칠하며
벽화를 그린다

화려했던 삶의
쓸쓸한 뒤안길에서

남기고 가고픈
그들의 족적일까

짧은 생이 아쉬워
쉬 떠나지 못하는 미련일까

아픈 매화

아파트 한편에
목발 짚고서

인간의 이기로
핼쑥해진 매화

몇 개 남지 않은
곁가지마다

연둣빛 봄은 내리고

어두웠던 지난날
덮고 가라고 손짓하고

짧은 두 손 흔들며

하얀 아픔의 손수건
미소로 피운다

목련의 개화

보슬보슬한
어린 솜털을 뚫고

봄의 전령사 목련이
머리를 내민다

태반의 신비
꽃받침으로 감싸고

산고의 시간
햇살이 받는다

산모의 고통으로
붉게 멍든 자목련

그렇게 목련 꽃망울 사이
개화를 알리고

다시 봄을 찾아
여정의 마실 나선다

겨울의 서정

높게 뻗은 가로수 나목
산 까치가 집 짓고

눈 덮인 관악산 오솔길
얼음의 결정체를 만들었네

잔설이 남아 있는 계곡 사이
겨울이 만든 고드름

입춘의 한파가 끝난 지금

이제는 힘겨운 듯
조금씩 내 안의 나를 내려놓는다

제3부

서리풀 골목마다

평택 칼국수 집에서

팽성의 한가한 일요일
늦은 점심시간

미군 부대와 멀지 않은
한적한 곳에

다양한 인간의 식생
오감을 찾는다

바지락칼국수와
많지 않은 메뉴에
보리밥과 막걸리는 덤

삼삼오오 가족, 연인과 함께
국적도 언어도 피부색도 다른

다름이 인종들 모여들어

칼국수로 유명한
맛집 공동체를 만든다

세일링 파라다이스(여의도 선착장)에서

검은 물결 위
넘실거리는 파도 따라

찬란한 요트의 꿈들이
한강의 물길 만들어 나간다

물속에 투영된 도시의 불빛들은
추위를 끌어안고 서성인다

뱃전에 부서지는 포말은
오래된 추억을 소환하는 날

탁자에 놓인 술잔 속에는
학창 시절 친구들의 영상이 캡처되고

무심히 변해가는 친구들의 얼굴에선
완숙미가 더해진다

오랫동안 쌓이고 깎여
겹겹이 누적된 퇴적암처럼

아름다운 그림 계속해서
그려 나가길 기원하며

갑진년의 끝자락
고교 동창생들의 건강과 행복

다가오는 을사년에는 한강의 깊이만큼이나
더욱더 풍만해 지기를 기원하며

어두운 밤 선상에서
아리수에 적어 띄워본다

까치고개

까치가 많아서
명명된 산마루

관악산과 까치산
연결하는 생태육교

까치의 견우와 직녀
오작교를 단단하게 놓는다

양재천의 봄

깊지 않은 수심에
잉어 떼들 모여들고

늘어진 수양버들
잎새를 부른다

봄의 꽃 무리를 지어
이곳저곳 날아다닐 무렵

물속에 작은 고기
봄 길을 재촉하고

둔덕길 흐드러진 벚꽃나무
거품을 물고

봄의 길 학여울 따라
한강에서 한강으로 흐른다

서리풀공원 누에다리

누에의 형상으로
길게 드러누워

지나간 시절
옛길 찾는다

사라진 **뽕밭**
애수를 그릴까

아직도 만들지 못한
누에고치를 그릴까

대를 잇지 못한
오늘이 아쉬워

부모님의 고향 그리워
잠원을 찾는 걸까

몽마르뜨 공원

서래마을 앞에 두고 낮은 언덕
작은 이국땅 향수 부른다

우리에겐 짧은 해외여행 길
이방인에게는 그리움의 대상으로

중앙의 시계탑 고향을 찾아
쉼 없이 돌아가고

낯설지 않은 프랑스 화가들과 시인들
춤추는 조각상과 장미의 정원

숲이 부르는 고향의 봄
몽마르뜨 공원 아직도 기억하고 있을까

말죽거리 노포에서

어둠이 드리워진
말죽거리 노포

그 옛날의 너가 아닌
지금의 너를 본다

조금은 힘들지 만은
견뎌내고 있다고

의사도 아닌 내가
무엇을 알랴만은

맛있게 먹고 있는
그 모습이 보약일세

따뜻한 마음을 담아
고마움 건넨다

살다 보면 힘들 때
한두 번이 아니지만

지금까지 거친 풍파
헤치고 살았으니

그까짓 어려움이야
쉬어간들 어떠리

서울시립 남서울미술관에서

붉은 벽돌로 아기자기하게
쌓아 올린 유럽풍의 건물

남서울미술관으로 변해버린
구) 벨기에 영사관

그 안에 전시된 조각 소조 부조 드로잉 유화 등
권진규의 영원한 집이 예사롭지 않다

빚고 붙이고 깎고 다듬어진
그의 열정 그의 숨소리

동물상 여성상 부조 불상 등
자화상 자소상 자각상 만들고

그의 굴곡진 작품세계
짧은 인생을 대변하며

권진규 작가 탄생 100주년 기념하는
영원을 빚은 군상이 세상 밖으로 빛나고 있다

관악산 원각사 와불

일출을 뒤로하고
일몰을 향해 모로 누워있다

머리는 북쪽을 향하고 의연하고
발밑과 머리맡에는 연화가 봉양하고

높은 목침에 온화한 연화미소
온유하게 눈감은 와불

무슨 일이 있는지
몇 년을 잠들었는지

현실도 계절도
모두 잊어버린다

열반을 꿈꿀까
정토를 그릴까

예술의 전당

우면산자락 산 숲의 울림
먼 메아리로 만들어

수많은 예술혼
시시각각 불러 모은다

길가에 늘어선
포스터마다

쉼표 없는 되돌이표
오선지 그림을 그리고

장엄한 소리로 현란한 춤사위로
다재다능한 악기 연주로

인간의 오감을
녹이고 달래며

끓이지 않는 본능마저
무대 위로 올린다

효민공 이경직 묘역

관음사를 뒤로하고 오르니
양 갈래로 물길 흐른다

산으로 둘러싸인
산속의 섬

부상록을 남긴
효민공 이경직 묘역

두 부인과 합장한
삼위합장묘가

조선의 수도
한양도성 바라보며

서울의 봄날을 그리며
차분한 마음으로
예불을 올린다

정각사

남태령 고갯길
비켜 돌아

우면산 끝자락
위치한 정각사

들어갈 땐 해탈문
나올 땐 불이문

자동차의 소음과 먼지까지
주변을 감싸도

대웅전의 부처님
온화한 미소 머금고

경내에 산까치
불러 모은다

느린마을 양조장

사계절 막걸리를
하루 만에 빚는다

봄 여름 가을 겨울
어느 순간 한 순배 술 따라왔다가

술잔이 오가는 사이
뒤바뀌는 사계절

도반

중학교 교정에서
키 재기 하던 까까머리 친구들

이제는 백설이 내린
중년으로 만난다

힘든 시절을 위로하며
꿋꿋하게 버텨온

지금도 모처에서
자기애를 불사르며

고향의 이름을 나눠 가진
친구들은 나의 도반

술잔에 담아보는 흘러간 세월
다시 곱씹어 새겨보는 젊은 날

남일대 코끼리 바위

삼천포 남일대
푸른 바다 밟고 서서

삼천포항 바라보며
긴 코 물에 담네

오늘도 어제처럼 무탈하기를
기도하는 수호신

관악산 여명

관악산이 아침을 연다
둥그런 가슴 사이로
엷은 빨간색 물감을 흘려 놓는다
그 사이사이로 비치는 나무들의 자태
해묵은 흑백사진이
빨간색 노란색 밤색으로
형형색색 수를 놓는다
엷은 안개가 걷히고
따스한 기운이 온몸으로 스며든다
오늘도 나는 태양 속으로
나를 날갯짓 한다

제4부

잊을 수 없어서

네가 보고플 때

사랑한다는 그 한마디
남겨 둘 수 없어서

백지 위에 하얗게
너를 소롯이 그려 본다

비 내리는 새벽

희뿌연 자연이 음계를 그리며
드럼의 연주와 난타의 공연으로 어둠을 깨우고
비에 젖은 산새 소리 음정을 키운다

바람의 너울로 강약을 조절하며
지붕 위와 마당에도
불 켜진 앞집 유리창 창틀 가득

다시는 그릴 수 없는
크로키를 그리며

관악산의 정원과
보고 싶은 마음에도

비의 그리움
물방울로 튀기며

멈춰 선 감성을 두드리며
만상을 깨운다

너 없는 동안

소주잔에 흘러내린
초승달

너의 얼굴 고요히
미소를 띄운다

조금씩 커져가는
너의 얼굴

솜사탕처럼
보름달 만들고

나는 줄지 않는
백주를 끌어안고

너의 영혼을
타서 마신다

눈으로 쓴 편지

소복이 내려앉은
눈 위로

가느다란
족적을 남긴다

가지도 못할
언덕 너머 저편

가슴 아픈 그대에게
차마 보여주기 싫어서

가다가 돌아선
전하지 못할 두 글자

그렇게 가려거든

그렇게 가려거든
미련이나 두지 말지

그 동안 씌워놓은
멍에는 어찌하고

가슴엔 잠들지 않는
풍경 소리 남기고

그렇게 가려거든
내 마음도 모두 가져가지

상처로 얼룩져버린 지금
치유조차 힘든 것을

차라리 만나지 않았다면
상처도 없었을 것을

그러지 말거라

네가 별러 벌린 일
뒷감당도 하지 못하면서

너 흔적 덮으려고
남의 상처 흔드나

가지도 못할 길이라면
나대지나 말거라

목소리 크다고
진실이 가려질까

거짓을 덮는다고
그것이 숨겨질까

더러운 민낯이라고
숨기지는 말거라

상처는 시간 되면
아물기는 하겠지만

네가 뿌린 씨앗
역사의 뒤안길에

더 깊게 뿌리를 내려
너를 감고 돌 것을

마음의 상처

얼마나 아팠을까 !
얼마나 힘들었을까 !
얼마나 모질었을까 !
얼마나 그리웠을까 !
그렇게 아로새긴 나의 남겨진 발자취
그 모든 게 내 인생의 흔적인 것을

받지 못할 편지

친구야
그곳에도 눈이 많이 왔겠지

보고픈 마음이
수북이 내려앉아

나뭇가지마다
채색화를 그린다

어릴 적 눈싸움하던 매의 눈
냉기 품은 너의 적막한 방

따뜻한 솜이불
되기를 기도하며

쌓인 눈만큼 더 커져 버린 그리움에
받지 못할 편지를 오늘도 띄워본다

사진 속 우리

가끔씩 보게 되는
친구들의 얼굴

조금씩 변해가는 모습을
술잔에 담는다

추운 겨울밤
사당역 주변 주점에서

술잔 너머로 본
우리의 영상 세계

흑백사진 속
근엄하신 아버지를 닮았다

내가 너라면

내가 너라면
난, 그렇게 하고 싶진 않다

우리네 인생
힘들다 하지만

그 안에 내가 있고
네가 있는 걸

우리가 만든 추억
다시 만들 수 없고

뒤돌아보면
그게 우리들만의 꿈 터

너와 나의 아름다운
만남인 것을

빈자리

시나브로 곁에
있을 땐 스쳐가던
발길이 무겁다

뭔가를 잃어버린 것처럼
무엇을 놓치고 있는 듯

구멍 난 발걸음마다
망상을 키우고

고개를 휘저으며
뒤돌아보지만

힘들게 버티어온
병가의 빈자리

손 모아 기도하는
정성과 마음을 담아

희망의 돗자리
깔아 보지만

채워지지 않은 너의 빈자리
가슴만 쓰라리고 애인다

새벽달

소음도 잠이 들고
어둠도 쉬는 시간

세상은 고요하고
적막만이 안개로 흘러

새벽달 구름을 타고
나의 창을 찾아온다

산릉에 걸쳐진
흑백의 저 실루엣

캔버스에 그려진
오늘이 이어올지니

달 속의 어머니 얼굴
신 새벽으로 맞는다

잊을 수 없어서

마음 밭에 내려앉은
붉은 노을은 깊이를 더하고

잘려나간 곁가지 옹이는
아픈 가슴 맞댄다

장미는 붉게 타고
찔레꽃은 몸부림치는데

차마 피지 못하고 시들어버린
계절 잊은 그대여

하얀 겨울
눈사람이 전해준 너의 편지

아직도 녹지 않고
가슴에 남아 있는데

부르고 불러 봐도
대답 없는 이름이여

그리움에 지친 메아리
풍선을 키우고

방향 잃은 구름조차
심산유곡을 이곳저곳 맴돈다

짝 잃은 비둘기

주차장 한편 익숙한
고양이 먹이통에

언제부터 멧비둘기
입맛을 다시며 모여든다

주인이 비운 자리
짝지어 날아와

만찬을 즐기며
담소를 나누는 풍경

얼어버린 겨울을
약탈로 대신하며

각박해진 자연환경
곳간을 원망한다

찬바람 부는 어느 날
한 마리는 보이지 않고

봄의 길목에서 나타난
짝 잃은 외 비둘기

오늘도 어김없이
그 자리를 빙글빙글 맴돈다

아직도 변해버린
입맛을 찾는 걸까

잃어버린
짝을 찾는 걸까

아니면 못다 나눈
애수를 찾는 걸까

모든 것이 궁금한 때

무명초

그대가 내 이름 불러주기 전에는
난 그저 들판의 이름 없는 풀이었소
아무도 관심 없는 들판의 무명초

이름 없어서 없는 것이 아니라
불러주는 이 없어 붙여진 무명초
그러나 미천하다고 생각하지 말아요

내게도 부모형제 태어난 고향 있고
내 분신 생태계로 이어지는 한 축이고
생명 지탱해 주는 오아시스인 것을

인연

언제부터였을까
내 마음 한구석에 자리 잡은 너의 영혼
잡으려 해도 그냥 놓아주려 해도
시간의 발걸음은 멈추질 않고
빈자리를 채웠다가
연기처럼 사라져 버리고
어느 날 문득 뒤돌아보면
이슬처럼 또 매달려 있는
신기루 같은 현상
목마른 자가 물을 찾고
갈 길 잃은 나그네는 길을 찾듯이
우리의 인연이 머무를 수 있는
정거장이 있다면
난, 그곳에서 그대를 기다리며
그대 곁에 머물고 싶네

신발의 이름

신발이 주인을 잊지 말라고
주인이 신발을 찾을 거라고
신발 위에 하얗게 이름을 새겨 놓았네

나이키도 아니고 아디다스도 아니고
프로스펙스도 아닌 그 이름 김천우

예쁜 글씨는 아니지만
정갈하게 그려놓은

주인을 닮은 모지의 신발
당신의 사랑 염색체

삶의 의미

무엇이 진리인지
어떤 삶이 행복한지는 알 수 없지만
늘 그 자리에서
늘 그랬던 것처럼
난, 오늘도 나의 삶을 쫓아
나만의 길을 걷는다

숲속에서

너를 가만히 들여다본다
변한 듯 변하지 않은 듯
늘 무심한 자태
지난 어둠도 아픈 상처도
먼 나라 이야기인 양
언제나 그 자리 그 울에서
삼라만상의 친구 벗 삼아
오늘도 영글어 간다

기다림

누군가를 기다리는 건 커다란 아픔이다
나의 애간장을 태운다는 거
누군가를 기다리는 건 커다란 행복이다
내게 다가올 미래를 꿈꾼다는 거
누군가를 기다리는 건 넓은 가슴이다
기다림을 품을 수 있다는 거
누군가를 기다린다는 건 따뜻한 마음이다
그 사람에게 사랑의 온기를 전할 수 있다는 거
누군가를 기다린다는 건 커다란 정성이다
나의 마음을 예비하게 만드는
시나브로 날은 저물고
나는 오늘도 기다림의 미학을 배우고 있다

커피 한 잔

겸허한 마음으로 너를 만나는 날
아주 오래된 연인처럼
가슴 따뜻한 친구처럼

어느 누군가에겐 사랑을 주고
어떤 이에게는 가슴 아픈 이별이었네

또 어떤 이에게는 영감을 주고
또 다른 누군가에겐
스토리텔링이 되어준다

조그마한 밀알이 모여
큰 열매를 맺듯이
그 따스한 너의 마음인
가슴 녹이는
너, 커피 한 잔의 기쁨

제5부
저만치 가는 세월

땀이 주는 선물

열대야는 냉방기를 불러 벗하고
문밖 열기는 여름을 키운다

성급한 사람들 하나둘 휴가를 만들어
바다로 계곡으로 피서를 떠난다

잘 익은 자동차 안 온도는
한증막을 오르내리고
우리는 땀으로 세차를 한다

렌터카로 세상을 도는 사람들과
즐거운 동행을 위해

땀이 주는 선물을 전해드리니
안전하고 편안한 동행이 되어 주길

달궈진 자동차에 땀으로 새긴다

렌터카 인생

3만 여개의 분신으로 나를 만든다
흘러가는 공정에 맞춰 몸은 점점 커지고
그렇게 인고의 시간 거쳐 탄생한다

자신을 식별하는 임시 번호판 달고
배냇저고리 걸쳐 입고
새로 간택 받을 그날 기다린다

드디어 동반자를 만나던 첫 상봉
목적지도 모르고 도착한 장소
그곳에서 나의 일생 발자취가 시작된다

임시 번호판 옷 갈아입고
출생신고 하는 동안
멋진 이름표랑 번듯한 숫자도 탄생

나만의 공간에서는
세상사람 누구나 만날 수 있지만
선택받은 사람만 만날 수 있는
출입이 제한된 외딴섬

만나는 사람마다
수많은 사연 만들어 가지만
누군가는 나를 아프게 하고
시들고 병들게 한다

육신이 때가 묻으면 세차로 광을 내고
정기 검진해야 하는 일상들
주어진 운명의 렌터카 인생

그렇게 세월이 흐르고 흘러
나를 찾는 이 줄어들 때가 되면
새로운 인연 찾아 길 나선다

국내 혹은 해외까지
늘 반겨 줄 주인 만나면
이것 긴 묵은 안부 꼭 전해주시구려
늘 함께 할 수 있어 행복했었다고
너무 깊은 정 들어서 헤어지기 싫었노라고

세차

어디로 갔었는지 어떻게 살았는지
길지 않은 시간 동안 헤어져 있던

이산의 아픔을 상봉하며
흩어진 흔적을 찾아 안 밖을 둘러본다

험한 길 걸은 인생 온갖 상처를 입고
과식으로 살은 삶 무자비로 토해낸다

가끔씩은 담뱃불에 화상도 입고
시트에 멍든 자국 지우개도 없다

뜻하지 않은 일로 대가 없는 설움 겪으며
불합리한 제도로 인한 자괴감을 키운다

짧은 기간 유품 정리하며
지워지지 않는 상처로 얼룩진

너의 마음에 작은 위로 전하며
그래도 함께 할 수 있음에
너를 어루만지며 사랑을 표한다

경계점 측량

여기서도 저기서도
군중을 모은다

설계도의 오류인지
건축가의 실수인지

어디서 잘못된 건지
책임론을 말한다

내가 하면 로맨스
네가 하면 불륜이라

로맨슨지 불륜인지
그 경계선 찾아서

오늘도 측량수 무리
지형도를 다시 그린다

굴포천 철새들

서울공항 옆
굴포천 갈래 강

인적이 드문 곳에
철새들이 무리 지어 자맥질한다

사방이 펜스로 둘러싸인
내밀한 절대 공간

오로지 하늘만이
숨 터인 곳을

인간을 피해 나온
비좁은 쉼터에서

그날이 그날인
허기를 채워

인간의 완충지 DMZ
해방, 그날을 그리며

그들의 평화
그들의 자유

불편한 겨울나기를
나는 지켜보고 있다

러브버그

까만 몸통을 붙들고
꿈꾸는 사랑을 나눈다

짧디짧은 생애 주기
오로지 교미와 번식을 위해

떨어지지 않는
몸으로 비행하며

불타는 열정으로
정분을 나눈다

하얀 그리움 성토 후
땅속에 고이 묻고

자신의 분신
공양을 의식하며

칠흙 같은 어둠 속
종말을 고한다

푸드 트럭

어두워지는 골목길
희망의 작은 불씨 지피고
가지런히 정리되어 가는
푸드 트럭 풍경
주인장 희망 공간이다

퇴근길 행렬
출출한 사람들
이정표 되어
한사람 두 사람
트럭시장 불러 모으고

투박한 손으로 익숙한 듯
한 땀 한 땀 썰어주는 순대
떡볶이와 어묵 국물 한 사발

따스한 김 모락모락
연기되어 피어오르면
주인장의 구성진 노래
희망가 되어 울려 퍼진다

경비원의 가을

무시로 익어가는 가을
아파트 앞마당 수북하게 낙엽이 쌓이면
경비원 아저씨 마음 바빠진다
이곳저곳 바람길 따라 바빠지는 손놀림

한 바퀴 쓸고 나서 돌아보면
또 쌓여있는 낙엽 더미들
뒤돌아보면 또 따라오는
너는 성가신 가을의 심술꾼
나의 반려견

몇 잎 뎅그랑 낙엽일랑
까치밥으로 남겨두고 싶다
쌀쌀해진 가을 찬 서리 내리면
옷깃을 여미며 거닐 때
가을 시린 마음까지 쓸어 담는다.

노령연금

30여 년을 묻어 둔
보석 같은 존재가 아닌가

조금씩 조금씩
갉아 먹고 걷는다

건 들고 싶지 않지만
따라붙는 그림자

때로는 힘들고
지칠 때도 있었지만

낙인이 찍혀진
인생 울타리를 따라서

기대고 싶진 않지만
따라가는 뒤안길

산불 기도

며칠 동안 산불 소동
국민들의 애간장을 태운다

어쭙잖은 조그만 실수가
큰 시름을 만들고

그 고통 뒤에
운명을 달리한 영혼들

그리고 삶의 터전마저
잃어버린 우리의 이웃들

사찰과 문화재 삶터와
봄을 기다리는 농기계까지

화마가 휩쓸고 간 자리
비애와 절망만이 흐른다

주름진 얼굴을 펴줄
따뜻한 단비가 그립고

마음의 상처를 어루만져 줄
포근한 봄비가 주룩주룩 내려서

메말라 버린 산야를
골고루 적셔주기를

어둠이 걷히는 창가에서
간절히 두 손 모은다

세밑 기도

올해는
아픈 일들이 유난히 많다

정치의 시름부터
항공기 참사까지

세밑에서 터져 나오는
세간의 뉴스들

서민들의 한숨까지
더욱더 깊은 여울목으로
빨아들인다

모든 이들의 행복을 꿈꾸며
여행을 하던 자들과

아직도 못다 핀 어린아이들
지켜주지 못한 생명까지 애도하며

새해에는 좀 더
안정적인 국정운영

좀 더 안전한
대한민국으로

거듭나는 멋진
단초가 되기를

을사년 세밑에서
두 손 모아 간절히 기도해 본다

서실의 시간

화선지 위에 내려앉은
하얀 침묵

묵향 젖은 예술혼
나를 만든다

조금씩 흘러내리는
먹물의 향연 그 줄기 따라

고서를 찾고
탁본을 뜨고

잊고 지낸 문방사우도 만나
사방이 환하다

과거를 찾아
현재를 그리고

현재를 찾고서야
너를 만난다

오늘, 나는

오늘을 가슴에 담자
지금 이 순간에도
꽃은 피고 지고
세월의 바퀴는 굴러가나니

이내 부족한 자리 있을지라도
개똥벌레 공을 굴리듯
덧셈으로 더하여 더하며 살자

비록 그것이 미완성이라도
내가 할 수 있는 안간힘의 끝이면 그만
더러 못 미치면 또 어떠리

저마다 하는 일의 결 따라가며
들이대는 잣대가 다를지라도
모든 게 다 저마다의 이유 있음에

빛나는 오늘
또 하루를 보내며
다시 새겨 보면서

저만치 가는 세월

세월은 소리 없이
나이테를 만들고

그을린 피부에
골짜기를 만든다

아무도 만들 수 없는
자연의 섭리를

해야 할 일보다
할 수 있는 일이 적고

보고 싶은 이보다
볼 수 있는 사람이 줄어가고

기다려 주는 이보다
기다리는 이 없는 고갯마루에

세월의 주막엔
밤비가 내리고

나그네의 길목에는
어둠이 내려앉아

보이지 않는 길 찾아
어느새 떠나가는 동무, 세월아

● 해설

남도의 서정 위에 써 내려간
생활 시의 따스한 접근

조 용 연
(시인, 문학평론가)

 지금 정일광 시인은 가슴이 뛰고 있을 것이다.
 첫 시집을 기다리는 시인의 가슴이 어떠한지 시를 써 본 사람은 안다. 가슴속에 숨겨 두었던 말이 쏟아져 나와 시가 되고, 그 활자화된 시가 한 권의 책으로 엮어 나온다는 사실 앞에 스스로 감탄하는 시간은 그 시의 탁월이나, 문학적 의미를 넘어서 마음의 동계(動悸)가 일어나는 일이라 앞으로 시인의 삶에 큰 자양분이 된다. 정일광 시인은 『문학세계』를 통하여 2025년 5월 등단하였다. 프랑스의 소설가이자 비행사이기도 했던 앙투안 드 생텍쥐페리(Antoine de Saint-Exupery)는 "고향은 장소가 아니라 우리 사랑했던 사람들의 얼굴이다."라고 했다. 이는 고향의 지리적 위치나 공간의 좌표가 아니라 그곳에서 함께했던 사람과 사위(四圍)를 감싸고 살던 기억의 집합 때문이다.
 정일광 시인의 시도 그런 유소년기의 기억과 시간

의 축적 속에서 생겨난 조각들이 시적 감흥을 끝없이 부추겨 내기 때문에 많은 작품들을 길지 않은 시간 동안 만들 수 있었다고 보인다.

1. 문학세계 등단 시, 내 문학의 뜀틀이 된 3편의 시

　우선 문학 종합지 『문학세계』로 2025년 등단한 3개의 작품을 통해 보는 정일광 시인의 시 세계를 소개하고 들여다보는 것이 시인을 이해하는 지름길이겠다.
　정 시인은 고향을 무대로 하는 기억과 오늘을 살아가고 있는 생활인으로서 여백에 무엇으로 감동하고, 무엇으로 아파하면 살고 있는가 하는 시인의 시선을 분명하게 드러내고 있다.

　　희미한 가로등이/ 하나 둘 불을 밝히면// 가끔씩 찾아오는/ 오래된 기억// 서툴고 부족했기에/ 더 아련한 시간의 조각// 공간을 채우지 못해/ 시리게 간직한 여백// 따뜻한 봄날/ 왔다가 사라진 아지랑이처럼// 기억 속에 남아 살아있는/ 이별의 따뜻한 그림자// 뒤돌아 갈 수 없는/ 기억의 저편

　　　　　　　　　　　　　—「기억의 저편」 전문

　정 시인이 되돌아보는 기억의 회상 시점은 현재다. 나름 살아오면서 어려운 과정을 견뎌내고 성공한 삶을 살면서 찾아오는 기억의 강 저편은 그저 미완성이다.

완성되지 못해 더 애처롭고, 더 소중하다. 옛 기억, 옛날은 서툰 것, 날 것투성이다. 그야말로 아쉬움의 복합이다. 그럴수록 더 선명하게 다가오는 것은 첫사랑, 첫 연애편지, 첫 키스까지 어느 것 하나 분명히 드러내고 있지 않으나 '이름'이라는 보통명사로 말하는 고유명사의 '그'가 있었음이 분명하다. 아지랑이처럼 아롱아롱하니 더 그립지만, 얼굴조차 희미해져 가는 그 이름에 대해 '그리움'이란 단어를 덧씌울 수밖에 없다.

「부모님의 유산」이란 시는 정 시인처럼 고향을 떠날 수밖에 없는 '신 실향민'의 공통적 정서가 배경이다. 세월 속에서 부모님은 육신의 흔적을 자손에게 두고 대개 먼저 떠나간다. 고향에 선산과 돌아갈 구체적인 공간이 있기도 하지만 점차 생의 마감에서 비중이 줄어드는 게 현실이다.

> 부모님 생전엔 몰랐던/ 빈자리가 크게만 느껴질 때// 가끔씩 찾게 되는/ 서울 근교 공원묘원// 선산을 버려두고/ 타향에 입적된 세월 여러 해// 부모님의 서글픈 마음/ 헤아리지 못한 철부지지만// 멀리 있어/ 찾아보지 못하는 아픔보다// 가까이 있어/ 찾아뵐 수 있는 기쁨이 크다// 형제간 우애 있게 지내라고/ 만들어 주신 영생의 자리// 부모님의 크나큰 유산으로/ 을사년을 열며 가슴에 담는다
>
> ―「부모님의 유산」 전문

한 줌의 재가 되어 뿌려지는 육신이 보편적이다.

정든 고향 뒷동산, 선산에 묻히는 것은 그저 꿈이거나 이제 더는 현실적이지 않아 보인다. 더는 예초기를 들고 우거진 풀숲을 헤치고, 묘소를 벌초하는 일이 만만치 않은 세상, 그래서 이젠 명당을 찾기보다, 흩어진 묘지들을 한데 모으는 '정리'가 집안마다 큰 행사이거나, '짐스러운 조상 모시기'가 된 세월이다. 정 시인의 부모님은 마지막 순간에도 자손들의 불편을 더 생각했을 터이다. 자손들 생활 터전 근교의 공원묘원에 묻혀 한 번이라도 더 영혼과의 교감을 원했을 그 심정도 이해가 간다. 가까이 있어 형제들이 한 번이라도 더 찾을 수 있게 배려했다는 고마움, 이를 부모님의 유산으로 받드는 시인의 마음이 한없이 따뜻하다.

등단 3편의 시 가운데 「전하지 못한 마음」은 현실에서 마주한 주거지 아파트 경비원 아저씨의 와병 소식을 듣고, 명절에 주려던 선물을 전하지 못한 안타까운 마음을 담담하게 그렸다.

두어 달 넘게 얼굴을 못 봐서/ 자꾸만 마음이 간다// 두자 반 관리실에서/ 늘 상 부지런하셨던// 다정다감하고 인정 많던/ 관리실 아저씨// 분리수거하던 쓸쓸한 뒷모습/ 조금의 여운을 남기던 모습/ 달빛 그림자처럼 떠오른다// 몇 달 전 조기 발견되어/ 초기에 췌장암 수술을 받았다고// 조금은 초췌한 모습으로/ 우편물을 전해주던 그의/ 야위어진 손마디 마디마다// 습설의 무게를 이기지 못하고 부러진/ 소나무 가지처럼 가슴을 여미게 한다// 마음을 전하려/ 명절 전에 준비

한 조그만 선물 꾸러미// 냉기 품은 사무실 한편에서/ 온기를 기다리며// 을사년 새해에 쾌유를 빌고 있다

—「전하지 못한 마음」 전문

　도회의 삶은 아파트라는 공간이 대부분이다. 거긴 나름의 질서 속에서 경비원의 역할이 있다. 이따금 보도되는 경비원 잘라내기나, 갑질 입주민의 행패가 우리를 슬프게 하는 속에서 많은 아파트는 서로 힘든 삶을 이해하면서 입주민과 경비원과 애틋한 보듬기가 일반적이다. 명절에 전하고자 했던 따스한 마음이 그대로 시린 공간에 보관된 것을 보는 시인의 마음은 따스한 생활인의 자세 그대로다. 습설(濕雪)을 이기지 못하고 부러진 소나무 가지에 비유한 경비원의 삶에서 인생 2모작의 연민을 쓸쓸하면서도 따뜻하게 그려내고 있다.

2. 내 고향 진주, 나를 키운 8할의 고향

　우리는 통성명하면서 일단 '고향이 어디냐'라고 물어보는 게 일상이다. 더구나 고향 말인 사투리가 진하게 배어나는 경우, 대개 영호남 충청 정도를 구별할 수는 있으나 더 상세한 고향은 오래된 지명을 밝힐 때 구체적으로 다가온다. 정 시인의 고향은 진주다. 진주는 서부 경남의 웅도다. 그 자부심 또한 대단히 억센 사투리만큼이나 강렬하게 다가온다.

남강의 여울은 진주성 품고/ 논개의 초상은 진주호
안는다// 남강에 뿌려진 어린 논개의 영혼/ 형형색색
연등을 높이 밝히고// 사계절의 진혼곡/ 계절을 따라
음색 맞춘다// 진주가 만든 진주의 소야곡/ 흘러가는
구름도 지나가는 바람도// 물에 젖은 물새의 날갯짓/
빗물이 만드는 비가도// 진주의 영혼을 담아/ 남으로
세계를 향하여 흘려보낸다

―「내 고향 진주」 전문

저마다 고향이 소중하지 않은 사람이 있을까마는
진주인들의 가슴에는 남강물이 유유히 흐르고, 촉석
루의 논개, 그 우국충정의 정신이 넘쳐난다.

진주의 강물은 남강댐에서 일단 제자리걸음을 하며
물을 나눌 채비한다. 크게는 남덕유에서 발원해 함양
서상을 지나 내려오는 경호강이 큰 물줄기이고, 지리
산의 동쪽에서 발원해 산청군 삼장, 시천으로 내려오
는 덕천강이 좀 작은 물줄기다. 이 시「내 고향 진주」
와「진양호 호반」에서는 진주 유등축제에서 형형색색
의 유등이 떠 있는 남강의 풍경에서부터 남강댐에서
물을 나눠주는 일부가 가화천이 되어 사천만으로 흘
러가는 풍경까지를 다 아울렀다. 그리보면 낙동강이
되어 함안 대산에서 합류하는 남강물도 결국은 모두
'태평양의 물'이라고 말한다. 흐르는 구름, 스치는 바
람, 물새의 합창까지 진주의 소야곡이라고 하는 근저
에는 진주가 낳은 불세출의 옛 가요 명인, 남인수가
있다. '애수의 소야곡'과 '추억의 소야곡'이 모두 그의
결 고운 미성으로 표현된 당대 최고의 가요여서 그

말이 지극히 당연하다. 진양호반에 있는 남인수의 동상, 명 작곡가 이재호의 무덤까지 대중가요로만 말해도 진주는 할 말이 많다.

　진주에서 '촉석루'를 빼놓을 수 없고, '논개'를 어찌 말하지 않을 수 있겠는가.

　진주의 한가운데를 흐르는 남강은 그야말로 사행하는 모습으로 고도(古都)를 관통한다.

　역시 가장 의미 있는 것은 1593년 왜군과의 결사항전이다. 김천일, 최경회, 이종인 같은 지휘관이 전사 또는 자결하고, 진주성 백성 수만 명이 목숨 걸고 싸운 피어린 역사를 지니고 있다. 의암에서 왜장을 안고 푸른 남강물에 스스로 몸을 던져 순국한 '논개'의 우국은 너무나 많은 이들이 되새겨 오히려 시인은 말을 아낀다.

　　　일제에게 짓밟힌 한/ 오뉴월 서리되어// 의암바위 올라서서/ 죽음에 입맞췄소// 당신의 뜨거운 한을/ 남 가람은 알겠지

　　　　　　　　　　　　　　　　　ㅡ 〈논개〉 전문

　논개는 '제2차 진주성전투'에서 승리한 왜군의 승전 잔치에서 왜장을 안고 의암에서 떨어져 순국한 충절의 여인이다. 그는 기녀가 아니다. 전라도 장수 사람 주논개는 원래가 관노의 신분에서 장수현감이던 최경회 장군이 그 명민함을 알고 취처(娶妻)한 엄연한 후실(後室)이다. 경상우도 병마사로 진주성 전투에서

순국한 최경회 장군의 아내답게 남편의 뒤를 따라 장렬하게 산화한 '우국의 여인'이다.

  일화가 전해 내려온다. 음력 6월의 뜨거운 햇볕 아래 논개의 시신은 고향 장수 땅을 향한다. 그러나 그 길은 멀고도 험해 육십령 고개를 넘지 못하고, 함양 서상 땅에 묻혔다. 나주 사람 최경회 장군도 그 발치에 묻혀 수 세기가 흘렀다. 정 시인은 진주성 안에 자리한 창열사를 참배한 감회를 「창열사 참배」라는 시에서 우국의 선인 39인의 위업을 현창하는 감회를 자신의 호국정신으로 가다듬는다.

  창열사 또한 1593년 제2차 진주성 전투가 끝난 154년 뒤 우연히 남강에서 발견된 최경회 장군의 도장에 대한 사연이 조정에 보고되어 만들어진 충절의 공간이다. 「남강의 진주교」 「남강의 아침」 등 정 시인이 더듬고 있는 추억의 남강, 그 장소마다 합일되는 지점은 충절의 다짐으로 마무리된다.

  정 시인이 말하는 남강은 어머니 치마꼬리를 붙잡고 들렀던 「진주 약수암」, 촉석루 서남방으로 보이는 「망진산(진주)」, 이제는 사라진 백사장의 하얀 모래까지 끝없이 이어진다. 진양호 축조로 만들어진 수몰의 애환을 노래한 「까꼬실」은 오래된 진주를 아는 사람들에겐 물에 잠긴 마을까지 불러낸다.

    백두대간 두류로/ 꼬리를 담그고// 황학산 둘러싸고/ 유유자적한 호반을 그린다// 긴 강물 구비 돌아/ 두물머리 만나는 곳// 수몰로 고향 잃은/ 실향민의 애

환은// 물안개로 피었다가/ 강물에 투영되고// 지리
산의 젖줄/ 가슴을 키워// 목마른 진주/ 진양호를 품
고 있다

—「까꼬실」전문

남강댐 건너편 까꼬실은 '진주까꼬실트레일' 탐방
로로 시민들에게 돌아왔다. '까꼬실'이라는 말이 깎
아지른 벼랑 터에 만든 마을을 뜻하고 '가이곡리'라는
옛 이름이 변해서 된 단어다. 원래 덕천강과 경호강
이 만나는 지점이다. 남강댐을 막으면서 깔딱고개에
해당하는 까막고개는 숨넘어갈 정도의 높이니 새로
운 물길로 섬처럼 격리된 최고의 호젓한 길이 된다.
「진주 뒤벼리」란 시에서는 남강이 용틀임하는 벼랑
길을 '벼리'라 하니, 진주시 상대동에서 옥봉동에 이
르는 짧은 구간이다. 호국 진주의 역사에서 가장 참
혹한 순간을 목격한 위태로운 벼랑의 의구함을 '진주
천년의 역사/ 벼랑길을 세웠네/ (중략) 가슴에 사무
친/ 한 많은 영혼들의// 비수가 꽂히고 꽂혀 만들어
진 길이여'라고 영탄한다.

정 시인은「내 고향의 봄」이란 시를 통하여 진주 유
소년 시절 봄맞이하는 집안 풍경을 통하여 산촌의 봄
을 노래했다.

내 고향 남쪽에는/ 봄이 왔겠지// 툇마루에 걸터앉
아/ 헤어 보던// 파란 새싹들의/ 숨바꼭질도/ 먼 들
녘에 피어나던/ 아지랑이도// 사립문 사이로/ 고개를

내밀던 개나리 철쭉도// 옆집을 기웃거리던/ 담쟁이 덩굴도// 아버지가 쓰시던/ 싸리 지게도// 어머니가 신으시던/ 하얀 고무신에도// 손때 묻어 반질한/ 농기구에도// 봄은 또/ 찾아왔겠지// 다시는 갈 수 없는/ 귀로의 문틈으로// 문패가 바뀐/ 고향 집 사랑채에도/ 봄은 스미어 들었겠지

—「내 고향의 봄」 전문

정 시인의 시선은 고향의 추억을 가장 따스하게 끌어낼 수 있는 툇마루에 앉아서
바라보는 그 시절에 고정되어 있다. 봄의 새 기운이 돋아나는 작은 풍경 하나하나에 아버지의 싸리 바소쿠리 지게와 어머니의 하얀 고무신은 소도구가 된다. 이제는 다시 볼 수 없는 육친의 그리움을 지게와 고무신의 구체적 대상을 통해 시인의 추억 행 비행선은 바람을 타고 날아간다.
정 시인의 어머니도 여느 시골 촌 아낙의 모습과 다르지 않지만, '호미질 가래질 힘들다고 마다않고/ 산비탈에 다랭이 밭 힘들게 일구어서/ 돌멩이 사이사이로 빈틈없이 씨앗 뿌려' 자식 키우신 어머니다. 먼저 세상 떠난 어머니보다 9년을 더 사시고 떠난 홀아버지, 아내가 세상 버리자 통곡하며 옷가지는 물론 장식품과 밥그릇, 숟가락까지 그대로 두라시던 아버지에 대한 안타까움은 시 「어머니」와 「홀로 되신 아버지의 9년」에 절절하게 그려지고 있다. 부모가 안 계신 고향은 그리움의 고향이지, 현실의 고향에서는 애착이 물 바랜 무명 이불처럼 희미해져 간다. 문패도

바뀌었다 하니 그 집은 더는 내 집이 아니어서 '다시는 갈 수 없는 귀로의 문틈'이라고 통로를 좁혀 버렸다. 봄기운이 스며들어올 공간마저 만성병처럼 협착(狹窄)이 진행 중인 통증의 대상으로 설정한다. 그런 고향의 봄은 그야말로 춘래불사춘(春來不似春), 봄이 와도 봄이 아니 온 차가운 봄 그림자로 와닿는다.

3. 계절이 오가는 길목, 꽃이 피고 지는 이유

시인이 아니더라도 계절의 변환과 철 따라 피고 지는 꽃은 감흥이 머무는 꼭짓점이 된다. 삶이 평행선만을 긋는 것이 아니기에 그 한 굽이마다 굴절의 자리에 그런 자연의 변화가 배경음악으로 드리워진다.

특이하게도 시인은 적막의 가을비를 짧게 다루었을 뿐, 사계절 가운데 겨울과 봄의 시편이 대종을 이룬다. 여름과 가을이 왜 크나큰 주목의 대상이 아니었는지는 분명치 않으나 겨울과 추위, 눈, 그리고 봄이 돌아온 기쁨만을 다루었다.

정 시인은 겨울의 눈을 묘사하며 「첫눈」의 의미를 단순한 서정에 그치지 않는다. 눈이 상징하는 기능적 요소까지 포함하려 애썼다.

처음이라 낯설고/ 어설프고 어눌하지만// 오늘 내린 첫눈/ 오래되어 익숙하고/ 능글맞은 숙련공 같다// 가을을 아쉬워하는/ 늦둥이 낙엽들의 계절마저 덮고//

> 어지러운 세상사 다 덮어두고/ 새로운 출발하라고//
> 나무 위에도/ 지붕 위에도// 길가에 버려진/ 쓰레기
> 봉지 위에도// 순백색의 순결함으로/ 치장을 한다.

―「첫눈」 전문

 첫눈은 누구에게나 의미가 남다르다. 설레는 마음, 겨울이 본격 시작된다는 신호탄의 의미보다, 첫사랑, 첫날처럼 연분홍의 시간을 만들어 주는 중요한 기제다. 첫눈이 오는 날은 교통체증이 더해지고, 통신기지국 회선이 불이 난다는 것은 사람들의 마음이 모두 첫눈의 기쁨으로 달떠있다는 증거다. 첫눈이 더러는 잠시 흩뿌리다가 그쳐 첫눈 오는 날 만나자고 한 약속이 펑크가 나기도 한다. 그래서 사랑하는 이들은 희미한 첫눈을 삭제하고 진짜 첫눈을 다시 기다리기도 하지만, 정 시인이 만난 첫눈은 제대로 내린 함박눈이었나 보다. 어설프고 어눌하다 표현했지만 이내 '익숙하고 능글맞은 숙련공의 작품'이라고 단정한다. 온 세상을 뒤덮고, 심지어 쓰레기 더미도 순백의 치장을 한다며 영탄한다.

 시인은 「겨울 속 봄눈」이라는 시에서는 '반쪽으로 갈라진/ 이 겨울이 좋아도// 다시는/ 되풀이되지 않기를// 계절의/ 경계에 서서' 라면서 봄기운이 돈 환절기에 내린 눈의 신세를 걱정하고 있다. 천지를 아름답게 치장한 이 순간이 너무 짧기에 내리면서 녹아내리는 눈으로 더럽혀진 세상의 땟국물을 볼 생각에 걱정이 앞서는 생활인이기도 하다.

정 시인이 봄을 노래한 주제는 시 「봄비」처럼 '희망 노래의 변곡'이라고 표현하기도 하지만 「봄의 탄생」이라는 시에서 봄을 단순한 계절의 자연적 변화라고만 보진 않는다.

> 지난 늦가을/ 잉태된 태낭// 소슬바람과 가을비/ 따스한 입김으로// 흙 위로 떨어져/ 조심스레 덮여지고// 그 위에 뿌려진/ 낙엽의 분신들// 그 속에서 긴 겨울/ 동면으로 버티다가// 계절의 주기에 맞춰/ 열병 같은 양수 터뜨린다// 겨울을 덮고서 힘없이 늘어진/ 모태의 분신 사이// 부모 닮은/ 얼굴 내밀며// 아직도 신열 같은 봄은/ 그렇게 탄생을 알린다

―「봄의 탄생」 전문

시인은 인간 생명의 탄생으로 봄을 치환한다. 봄이 그냥 사계의 변환 중 하나가 아니라 수태의 과정이 그려진다. 태낭(胎囊)이라는 베이스캠프에 소슬바람과 가을비가 적셔주어 생명이 자라는 기본을 갖춰준다고 본다. 낙엽은 이불이 되고, 동면은 숙성의 시간이 되고, 생명 자람의 절대 시간은 얼어붙은 고요 속에서 철저히 밀행된다. 열병이 양수를 터트리는 시점은 얼음장을 녹인 봄을 이제 더는 버들강아지의 졸졸 시냇물로는 감당할 수 없을 때, 산고의 통증 끝에 닮은 얼굴을 내밀며 우리 곁에 환희를 선사한다. 그 신열의 끝에 봄이 있다는 비유는 '봄의 경건함'을 더욱 와닿게 한다.

꽃은 시인이 결코 지나칠 수 없는 대상이다. 꽃은

존재 그 자체로 생명력이다. 아름다움은 누구의 가슴도 녹일 수 있는 신비의 힘을 지닌다. 사랑의 감정이 돋아나기도 하고, 고유한 빛깔과 향기로 인간을 유혹한다. 자연의 꽃은 계절에 따라 피어나니 사계의 변환을 이 땅에서는 꽃을 전령사로 맞이하며 느낀다. 조화(造花)가 결코 대체할 수 없는 힘, 그 향기는 농도가 각기 다를지라도 꽃 저마다의 향내가 다르게 존재하고 다가온다.

꽃은 피는 시기, 꽃봉오리로 존재하는 잉태의 예비 시간, 개화의 거룩한 입술, 만개의 자랑과 절정, 그리고 시들어가는 조락의 시간, 마지막 낙화에 이르기까지 저마다의 과정은 영탄과 교훈이 사이사이에 자리하고 있어 꽃이 꽃답다고 하겠다.

정일광 시인도 꽃의 시를 여러 편 올렸다. 이름만 열거해도 큰 화원이 된다. 동백, 산수유, 능소화, 장미, 아카시아, 라일락, 벚꽃, 매화, 목련에다 오디, 담쟁이까지 폭넓게 시각을 고정한 터라 시심의 예민한 영역이 방향(芳香)으로 가득하다.

겨울의 대표 격인 꽃 「동백」은 붉은빛에 그리운 임에 대한 대춘부(待春賦)의 기운이 전해진다.

   계절 잃은 습설/ 비녀 만들어// 하이얀 머리/ 예쁘게 묶고/ 늦어져 버린/ 낭군님 소식에// 이제야 **빠알간**/ 입술 내민 춘백// 아직은 여물지 않은/ 사랑의 화신을 찾아// 동박새 돌아오는 날/ 기다리며// 오늘도 봄 마중/ 다시 그, 길을 나선다

                            —「동백」 전문

동백의 붉은 기운은 이 땅에서는 남도의 저 섬이거나 해안의 따뜻한 기후 속에서 겨울 속 봄꽃으로 많은 이들을 유혹한다.

동백이 피는 섬은 그 자체로 매력의 공간이 된다. 정 시인은 동백꽃에 내려앉은 눈을 비녀라고 했다. 늦게 내린 눈은 늦게 당도한 낭군이 되고, 붉은 입술을 여물지 않았다 하면서도 동박새 돌아오는 날 봄마중을 이야기한다.

저 여수 거문도의 동백, 거제 지심도의 동백이 떠오른다. 겹 동백의 밀밀함과 홑 동백의 단아한 눈썹 같은 종류를 구별할 것도 없이 동백은 기다림, 애타는 사랑이라는 등식을 알고 있다. 이미 이미자 선생의 '동백 아가씨'에서 멍든 가슴으로 기억하고 있어 사랑 끝에 동백의 진한 그림자가 드리워 있으니 말이다.

겨울이 채 가기도 전에 복수초가 가장 먼저 밀고 올라온 다음 이른 봄의 전령사는 산수유꽃이다. 정 시인은 「산수유」에서 작은 송이로 피어난 외로움의 한을 노래한다.

> 혼자서 키워 낸/ 홀어머니의 모성인가// 보고 싶은 연인에게/ 보내는 사랑의 메시지인가// 노란색 물감으로/ 뚜렷하게 자아를 그린다// 동행하는 이 없는/ 외로움 한 조각// 아파트 한편에/ 똬리 틀고// 독수공방/ 가슴에 시린 한// 노랗게 한 올 한 올/ 수를 놓는다
>
> ─「산수유」 전문

산수유꽃은 나무 하나로 존재하지 않는다. 대개는 군락을 이룬다. 그 작은 꽃송이는 20~30개의 송이가 뭉쳐 하나의 꽃 단위를 이룬다. 추운 겨울을 견뎌낸 인내가 별처럼 밝고 아득한 청징함을 지녀 꽃말이 '영원불변의 사랑'이라는 영광스러운 호칭을 얻었다. 시인이 만난 산수유나무야 조경용으로 아파트에서 만난 개별이지만 구례 산동이나 이천 백사의 산수유는 축제로 이어져 봄꽃 축제의 팡파르를 가장 먼저 연다. 시인의 표현대로 '노란 물감'이 자아 표현의 주체를 홀어머니의 애끊는 모정이거나 연인의 가슴에 전해지는 사랑의 색소로 확장해 가는 의식은 독자의 고개를 끄덕이게 한다.

　'달궈진 대지에/ 주황색 벽화를 그리고 (중략) 지친 바람/ 손 인사하고 (중략) 님 오실 날 그리며/ 길마중 나선다' 라고 「능소화」의 오묘한 황색 빛을 묘사하기도 하고, 장마가 오기 전 산천에 지천으로 피어나는 「밤꽃」에서 그 특유의 비릿한 냄새를 운우지정을 아는 중년의 후각으로 그려 더욱 아련하게 한다.

　밤의 욕정이 더위를 달구고/ 밀월을 품고 암술 숨긴다// 부풀어 오른 수술은 향기를 퍼뜨리며/ 배달부를 부르고// 지나가는 바람에도 육신을 맡긴다/ 너도 밤나무 나도 밤나무// 오욕칠정이 부르는 냄새를 따라/ 산에서 계곡으로 머리에서 가슴으로// 아래로 아래로/ 붉은 꽃물 흘려보낸다.

　　　　　　　　　　　　　　　— 「밤꽃」 전문

6월의 문턱에 올라, 우리 산하에 밤꽃이 지천으로 피면 밤꽃 특유의 냄새가 온 동네를 포위한다. 자웅(雌雄)동주, 수꽃과 암꽃이 함께 피어나며 인연을 맺어 알토란 같은 밤을 만들어내는 과정을 겪는다. 시인은 오욕칠정(五慾七情)까지 불러내며 밤꽃의 강력한 향내를 상기하게 한다. 남성 근원의 냄새가 나는 그 유혹은 견디기 어려운 정도이니 예전에는 밤꽃 피는 계절에 아녀자들의 문밖출입을 자제하게 했다고 한다. 보름달 아래 밤꽃 하얀 암 수술에 독수공방해야 하는 여인의 춘정이 온몸으로 요동치며 반응한다는 속설이 전혀 근거 없지는 않다. 바로 꽃냄새 안에 들어 있는 스퍼미딘(spermidine) 성분이 바로 남자의 액체 성분과 같다는 과학적 근거가 함께 제시된다.

오죽하면 '밤꽃 냄새'를 치면 '19금 단어'로 취급되기만치 강력한 향내임을 알고 있기에 시인은 지나는 바람에도 맡기고, 골짜기 아래로, 머리에서 가슴으로 그리 흘러내린다고 솔직하게 표현하지 않았을까 싶다.

꽃놀이 가운데서 벚꽃놀이는 예부터 가장 화려한 구경거리다. 벚꽃의 개화는 봄의 본격적인 시작을 뜻한다. 벚꽃의 완상 시간은 딱 한 주일 남짓이 전부다. 그 짧은 시간의 영광과 그 이후를 「벚꽃의 뒤안길」에서 되새기고 있다.

만개한 벚꽃/ 봄비가 내리더니// 푸르른 잎을 내밀고/ 꽃비를 뿌린다// 마당에 떨어진 꽃비/ 빗물 되어 흐르고// 바닥을 덧칠하며/ 벽화를 그린다// 화려했던 삶의/ 쓸쓸한 뒤안길에서// 남기고 가고픈/ 그들의 족적일까// 짧은 생이 아쉬워/ 쉬 떠나지 못하는 미련일까

— 「벚꽃의 뒤안길」 전문

꽃의 운명에 대한 해석은 철학에 가깝다. 예쁘기에 모두가 탐하고 모두가 곁에 두고 싶어 한다. 그러나 꽃의 숙명은 피기까지의 인고의 시간을 업신여기기라도 하듯 이내 져야 하는 필연이 기다리고 있다. 정 시인은 벚꽃의 운명, 그 시간을 낙화에서 보며 쓸쓸한 풍경으로 그리고 있다. 섬진강 따라 하동과 구례를 뒤덮은 벚꽃도 새잎이 돋아나며 밀리는 신세가 된다. 떨어진 낙엽은 서로를 부둥켜안고 빗물에 쓸려 내려가지 않으려 바닥에 착 달라붙는다. 그들이 몰려가며 마지막 그리는 모습을 '덧칠한 벽화'라고 묘사한 것은 그 안간힘의 안쓰러움과 떨어지는 것의 운명에 대한 연민의 해석이다. 젖은 낙엽처럼 그렇게 마지막 달라붙은 형용을 '미련일까'로 이해하는 마음이 봄을 완상 하는 시인다운 여백이다.

정 시인의 꽃에 대한 연민은 「아픈 매화」에서 '아파트 한편에/ 목발 짚고서// 인간의 이기로/ 핼쑥해진 매화// (중략) 하얀 아픔의 손수건/ 미소로 피운다'로 계속되고, 「목련의 개화」에서는 '태반의 신비/ 꽃받침으로 감싸고// (중략) 산모의 고통으로/ 붉게 멍든 자목련// (중략) 다시 봄을 찾아/ 여정의 마실 나선다'로 이어질 정도로 개화를 위한 잉태기에 대한 공감

을 아끼지 않는 시심으로도 이어진다.

4. 내 삶의 기항지, 마을마다 골목마다

생활 시에서 시인의 거주지와 생활 반경의 공간은 늘 좋은 소재가 된다. 정 시인은 서초구와 관악구 일대가 주로 움직이는 반경에 포함되어 사유의 시편을 남기고 있다. 서리풀 마을「몽마르뜨 공원」에서는 이국의 향수를 달래는 프랑스촌의 이방인들의 정서를 공감하기도 하고, 「서리풀공원 누에다리」를 지나 버들강아지가 춤추고, 잉어 떼들이 노니는 양재천에서 학여울까지 산책하러 나가기도 한다.

> 누에의 형상으로/ 길게 드러누워// 지나간 시절/ 옛길 찾는다// 사라진 뽕밭/ 애수를 그릴까// 아직도 만들지 못한/ 누에고치를 그릴까/ 대를 잇지 못한/ 오늘이 아쉬워// 부모님의 고향 그리워/ 잠원을 찾는 걸까
>
> ―「서리풀공원 누에다리」 전문

서리풀은 서초의 풀어낸 이름이다. 서초구의 명물인 누에 다리를 건너면서 '잠원(蠶院)'이라는 이름이 양잠을 시작한 왕조시대 섬유산업의 으뜸이었다는 사실을 다시 각인시킨다. 누에를 치는 일은 국가 대사였고, 이는 1970년대 양잠을 수출 전략 산업의 제1로 여겼던 시절에까지 이어져 왔다. 지금 시대야 누에를 보기도 어려워졌다.

아마도 젊은 세대는 누에를 책 속에서나 관념으로 배워왔을 터이다. 지명에서도 누에의 길쭉한 몸체와 머리를 본떠 전국에 '잠두봉'이 여럿이다. 정 시인만 해도 진주가 고향이니 누에 먹이는 양잠을 보며 자랐을 것이다. 누에의 왕성한 식욕, 잠자기 전까지 먹어 치우는 뽕잎은 그 양이 어마어마하고, 잠실에 들어가면 뽕잎 갉아먹는 소리가 소나기처럼 들리기도 했다. 번데기 누에가 스스로 실을 뽑아내 고치 집을 지으면서 유폐되어 가는 과정을 보면 숭고하기까지 하다. 누에는 자신의 천수를 다하면 그렇게 자신을 가두고 자신의 감옥에서 생을 마감한다. 인도의 옛 선인들이 나이 오십이 되면 생업과 처자 권속을 두고 숲속으로 들어가 나머지 생을 마치는 '임서기(林棲期)'의 삶을 사는 것과 같은 이치가 아닐까 한다. 그리고 보면 다리의 형상 하나를 두고 생각이 더 확장되는 것 같아 정 시인의 시상에 덧대보는 생각 한 조각이다.

시인의 산책 행보는 「말죽거리 노포에서」라는 시에서 '어둠이 드리워진/ 말죽거리 노포// 그 옛날의 너가 아닌/ 지금의 너를 본다// (중략) 지금까지 거친 풍파/ 헤치고 살았으니// 그까짓 어려움이야/ 쉬어간들 어떠리' 라고 하면서 오랜 시간을 견뎌온 대견함을 노래하기도 한다. 시인은 또 구 벨기에 영사관에 연 남서울미술관에서 권진규 작가의 조각과 수많은 작품을 감상하기도 하고, 예술의 전당을 오가며 음악, 무용 등 우면산의 예술혼에 대한 경탄도 아끼지 않는다.

그러면서 정 시인의 발길은 자주 사찰에 머문다.

아마도 불가의 전통 속에서 살아온 그의 정서가 고스란히 반영된 듯하다. 드문 불상 와불을 본 느낌을 옮긴 「관악산 원각사 와불」이 고요의 눈으로 부처를 응시하고 있다.

> 일출을 뒤로하고/ 일몰을 향해 모로 누워있다// 머리는 북쪽을 향하고 의연하고/ 발밑과 머리맡에는 연화가 봉양하고// 높은 목침에 온화한 연화 미소/ 온유하게 눈감은 와불// 무슨 일이 있는지/ 몇 년을 잠들었는지// 현실도 계절도/ 모두 잊어버린다// 열반을 꿈꿀까/ 정토를 그릴까

―「관악산 원각사 와불」 전문

부처가 누운 모습은 화순 운주사 와불이 석불로 천년을 그리 비바람 맞으며 대지에 자리 잡기도 하고, 용인 와우정사의 목불은 전각 안에 고요의 잠을 자는 모습이 대표적이다. 장좌불와의 전통은 불가의 선정삼매(禪定三昧)를 말하는 기본으로 가부좌를 틀지만, 누운 부처는 드러누워 그냥 생각에만 잠겨 있는 것이 아니다. 영원한 고요의 세계에, 열반의 경지에 들어 해탈한 모습의 상징이라 불제자의 마음을 움직이는 감동이 남다르다.

차마 신실한 불제자란 소리를 못 해, 종교를 물어오는 이에게 '친불교 성향'이란 구차한 단어를 빌려야 하는 처지일지라도 부처의 깨달음이 주는 가르침은 그야말로 광대무변(廣大無邊)이다.

정 시인의 발길이 닿은 한강 선착장의 풍경에 대한 시「세일링 파라다이스(여의도 선착장)에서」는 세모에 만난 고교동창회에서 추억을 공유한 친구들과 우정을 노래한다.

> 검은 물결 위/ 넘실거리는 파도 따라// 찬란한 요트의 꿈들이/ 한강의 물길 만들어 나간다//물속에 투영된 도시의 불빛들은/ 추위를 끌어안고 서성인다// 뱃전에 부서지는 포말은/ 오래된 추억을 소환하는 날// 탁자에 놓인 술잔 속에는/ 학창 시절 친구들의 영상이 캡처되고// 무심히 변해가는 친구들의 얼굴에선/ 완숙미가 더해진다// 오랫동안 쌓이고 깎여/ 겹겹이 누적된 퇴적암처럼// 아름다운 그림 계속해서/ 그려 나가길 기원하며// 갑진년의 끝자락/ 고교 동창생들의 건강과 행복// 다가오는 을사년에는 한강의 깊이만큼이나/ 더욱더 풍만해 지기를 기원하며// 어두운 밤 선상에서/ 아리수에 적어 띄워본다

—「세일링 파라다이스(여의도 선착장)에서」 전문

서울의 밤 풍경을 즐기기에 한강만 한 곳도 없다. 더구나 물 위라면 유람선 승선이거나 선착장 뜬 다리 위 레스토랑에서 감상하는 강변 야경은 그야말로 환상이다. 더구나 '재경'으로 접두어가 붙는 동창생들을 불가에서 승려 간의 사형사제(師兄師弟)를 두고 이르는「도반」이라고까지 소중히 여기며, 두고 온 고향의 추억을 함께 불러내 유소년기의 정서와 에피소드로 시간 가는 줄 모른다.

시인이 한강의 물길, 그 깊이와 '검은 물결 위 넘실거리는 파도', '찬란한 요트의 꿈이 만든 한강의 물길'을 이야기하니 떠오른 생각 하나가 '진한 아쉬움'으로 평자의 가슴에 남아 있다. 이미 고인이 된 시장은 한사코 여의도 국회의사당 뒤편의 대형 여객선의 선착장 건설을 허가하지 않았다. 이미 '아라뱃길'이 개통된 뒤인데도 표류한 대표적 정책이었다. 정서진을 통해 아라뱃길로 들어오는 5,000톤급의 페리는 선상 카지노까지 포함해 원래 중국 땅에서 출발해 대한민국의 서울을 뱃길로 들어오는 플랜에 포함되어 있었다. 그러나 정치적 대립은 4대강 사업 논란과 더불어 부두를 만들어 주지 않았다. 그렇게 서울은 항구가 될 기회를 영원히 놓쳐버렸다. 그저 덕적도와 김포 선착장을 오가던 쾌속선마저 열기를 잃어버린 채 아라뱃길은 먹먹한 직선 수로의 운하가 되고 말았다.

5. 사랑, 우정 그리고 인연, 내 인생 여백을 살 찌운 서정

생활 시를 쓰면서 사랑과 우정에 관한 이야기 또한 계절과 꽃만큼이나 큰 비중을 차지하는 시의 대상이다. 우선 정 시인이 쓴 제목만 일별해도 그렇다. 「네가 보고 싶을 때」「비 내리는 새벽」「너 없는 동안」「눈으로 쓴 편지」「그렇게 가려거든」「그러지 말거라」「받지 못할 편지」「사진 속 우리」「내가 너라면」이 우선 그렇다. 제목부터 연시의 느낌이 나면서도 쓸쓸한 페

이소스가 느껴진다. 그래도 시인의 마음이 써 내려간 시의 향방을 따라가 보는 일은 내밀하고도 설렌다. 「잊을 수 없어서」라는 시는 그의 연시 성향의 시편들 가운데서 가장 절절한 한 수다.

> 마음 밭에 내려앉은/ 붉은 노을은 깊이를 더하고// 잘려 나간 곁가지 옹이는/ 아픈 가슴 맞댄다// 장미는 붉게 타고/ 찔레꽃은 몸부림치는데// 차마 피지 못하고 시들어버린/ 계절 잊은 그대여/ 하얀 겨울/ 눈사람이 전해준 너의 편지// 아직도 녹지 않고/ 가슴에 남아 있는데// 부르고 불러 봐도/ 대답 없는 이름이여// 그리움에 지친 메아리/ 풍선을 키우고// 방향 잃은 구름조차/ 심산유곡을 이곳저곳 맴돈다
>
> ―「잊을 수 없어서」 전문

정 시인은 이 시에서 그리운 사람의 이름을 지치도록 불러보고 있다. 시인이 불러낸 단어는 그야말로 마음의 옹이가 되어 파여있다. '붉은 노을', '몸부림치는 찔레꽃', '눈사람이 전해준 편지', '지친 메아리', '방향 잃은 구름'의 대상은 누구인가. 이토록 시린 단어를 동원해 한 자리에 모을 만큼 아픈 대상은 누구인가. 「짝 잃은 비둘기」「새벽달」의 고요 속에 「인연」이란 시에 그렇게 마른 벽을 긁어가며 쓴 시의 우울은 어찌 따라가 봐야 하는가. '내 마음 한구석에 자리 잡은 너의 영혼/ (중략) 빈자리를 채웠다가/ 연기처럼 사라져 버리고/ 어느 날 문득 뒤돌아보면/ 이슬처럼 또 매달려 있는/ 신기루 같은 현상/ (중략)

우리의 인연이 머무를 수 있는/ 정거장이 있다면/ 난, 그곳에서 그대를 기다리며/ 그대 곁에 머물고 싶네'는 방언처럼 터진 고백을 어떻게 읽어야 할지 모를 일이다.

하지만 「신발의 이름」이란 시에는 뜻밖의 실명이 나온다. 정 시인의 단호한 출사표로도 읽힌다.

> 신발이 주인을 잊지 말라고/ 주인이 신발을 찾을 거라고/ 신발 위에 하얗게 이름을 새겨 놓았네// 나이키도 아니고 아디다스도 아니고/ 프로스펙스도 아닌 그 이름 김천우// 예쁜 글씨는 아니지만/ 정갈하게 그려 놓은// 주인을 닮은 모지의 신발/ 당신의 사랑 염색체
>
> ―「신발의 이름」 전문

'김천우'라는 이름이 실명으로 나온다. 정 시인은 아픔이 구절구절 묻어나는 시편에서도 결코 그 사람이 누구인가를 특정하는 어떤 단서도 남기지 않았다. 그런 용의주도한 펜의 각도에서 『문학세계』의 발행인인 김천우 이사장 이름을 실명으로 적은 것은 시인 등단에서 얻은 기쁨과 어떤 결기가 느껴지는 대목이다.

신발이란 고단한 이름에다 이름표를 붙인 것도 각별하다. 명품 브랜드를 아예 드러내놓고 언급하며 그 대열에 자신의 시적 위상을 등판시켜준 사람을 아예 스승으로 모시겠다는 의지로도 읽힌다. 감성 힐링의 달콤한 언어를 철학의 수준으로 접근하는 '사랑 염색체'를 그도 이식받고 싶어 하는 소망이 담겨

있어 보인다.
 그 신발을 신고, 시의 모진 자갈밭을 걸어가겠다는 단단한 의지를 그는 구상의 단어로 시화시키고 있음이 분명하다.

6. 생활에서 만나는 풍경, 안타까운 나의 시선과 성찰

 정 시인은 그 시대 향촌의 청년들이 그랬듯이 고향 진주를 떠나와 세상 풍파를 겪어가며 지금은 서울 강남에서 번듯한 렌터카 사업을 하면서 성공한 생활인이다. 그는 렌터카를 빌려주고, 빌려 가는 사람들의 과정을 통해 인생의 요철을 경험한 쓰라림을 시로 표현하는 저력을 보여주고 있다.
 「렌터카 인생」이라는 시는 시인 자신의 인생이 아니라 렌터카를 화자로 하는 의인화로 말을 건넨다.

> 3만여 개의 분신으로 나를 만든다/ 흘러가는 공정에 맞춰 몸은 점점 커지고/ 그렇게 인고의 시간 거쳐 탄생한다// 자신을 식별하는 임시번호판 달고/ 배냇저고리 걸쳐 입고/ 새로 간택 받을 그날 기다린다// 드디어 동반자를 만나던 첫 상봉/ 목적지도 모르고 도착한 장소/ 그곳에서 나의 일생 발자취가 시작된다// 임시번호판 옷 갈아입고/ 출생 신고하는 동안/ 멋진 이름표랑 번듯한 숫자도 탄생// 나만의 공간에서는/ 세상사람 누구나 만날 수 있지만/ 선택받은 사람만 만날 수 있는/ 출입이 제한된 외딴섬// 만나는 사람마다/ 수많은 사연 만들어 가지만/ 누군가는 나를 아프

게 하고/ 시들고 병들게 한다// 육신이 때가 묻으면 세차로 광을 내고/ 정기 검진해야 하는 일상들/ 주어진 운명의 렌터카 인생// 그렇게 세월이 흐르고 흘러/ 나를 찾는 이 줄어들 때가 되면/ 새로운 인연 찾아 길 나선다// 국내와 혹은 해외까지/ 늘 반겨 줄 주인 만나면/ 이것 긴 묵은 안부 꼭 전해주시구려/ 늘 함께 할 수 있어 행복했었다고/ 너무 깊은 정 들어서 헤어지기 싫었노라고

—「렌터카 인생」 전문

한 대의 새 차가 생산되는 과정에서 임시번호판을 달고 와서 만나는 렌터카는 개별 차주를 만나는 자가용과는 다른 운명으로 길 위를 달린다. 짧게는 하루 이틀에서 길게는 수년에 걸쳐 주인이 바뀌는 운명에 그는 '선택받은 사람만 만나는 외딴섬'이 되어가고, 주인들의 운명을 지켜보면서 자신의 육신도 상처받고 늙어간다. 그 과정은 끝없이 반복되는 세차로 먼지와 흙탕의 잔해를 씻어내야 하고, 또 수명을 다하기 전에 중고의 신세가 되어 가깝게는 국내로, 멀리는 저 고비사막이나 극 오지로 팔려 가기도 한다. 그러면서도 시인은 축사에 키우던 소를 팔아넘겨야 하는 운명처럼 섭섭한 안부를 새 주인에게 혼잣말로 전하기도 한다. 시「땀이 주는 선물」「세차」는 렌터카 관리의 어려움을 토로한다. '험한 길 걸은 인생 온갖 상처를 입고/ 과식으로 살은 삶 무자비로 토해낸다/ (중략) 짧은 기간 유품 정리하며/ 지워지지 않는 상처로 얼룩진// 너의 마음에 작은 위로 전

하며'로 마음을 다독인다.

생활 속에서 시인은 「경계점 측량」이란 시를 통해서는 '설계도의 오류인지/ 건축가의 실수인지// (중략) 로맨슨지 불륜인지/ 그 경계선 찾아서// 오늘도 측량수 무리/ 축척도를 다시 그린다'라고 불합리를 비판하기도 하고, 「굴포천 철새들」에서는 '서울공항 옆/ 굴포천 갈래강// (중략) 인간을 피해 나온/ 비좁은 쉼터에서// 그날이 그날인/ 허기를 채워// 인간의 완충지 DMZ/ 해방 그날을 그리며// 그들의 평화/ 그들의 자유// 불편한 겨울나기를/ 나는 지켜보고 있다'며 사람을 피해 몰려있는 철새, 자연의 위기를 염려하기도 한다. 「러브버그」에서는 2022년부터 갑자기 나타나기 시작한 붉은등우단털파리, 이른바 러브버그의 출몰이 환경오염에서 비롯된 결과여서 암수동체의 '사랑 벌레'라는 아름다운 이름 이전에 우리 삶의 터전을 걱정하기도 한다.

정 시인의 서정이 마른 낙엽처럼 바스러지기만 하는 것도 아니다. 「경비원의 가을」에서는 '한 바퀴 쓸고 나서 돌아보면/ 또 쌓여있는 낙엽 더미들/ 뒤돌아보면 또 따라오는/ 너는 성가신 가을의 심술꾼/ 나의 반려견'이라고 하며 자신은 낙엽 밟는 소리를 즐기지만, 경비원의 청소 노고를 걱정하기도 한다.

정 시인은 「산불 기도」라는 시를 통해 건조한 바람을 타고 몇 날 며칠을 타는 강원과 영남의 산불에 대한 걱정을 천지신명에 빌기도 한다. '며칠 동안 산불소동/ 국민들의 애간장을 태운다// (중략) 화마가 휩쓸고 간 자리/ 비애와 절망만이 흐른다// (중략) 마음의 상처를 어루만져 줄/ 포근한 봄비가 주룩주룩 내려서// 메말라 버린 산야를/ 골고루 적셔주기를// 어둠이 걷히는 창가에서/ 간절히 두 손 모은다'

정 시인의 시선은 우리 주변의 불합리나 애처로움에만 머물지 않는다. 「세밑 기도」라는 시를 통하여 '올해는/ 아픈 일들이 유난히 많다// 정치의 시름부터/ 항공기 참사까지// (중략) 아직도 못다 핀 어린아이들/ 지켜주지 못한 생명까지 애도하며// 새해에는 좀 더/ 안정적인 국정운영// 좀 더 안전한/ 대한민국으로' 라고 우리나라의 앞날을 걱정하는 충정을 기도로 대신하기도 한다.

시인은 인생의 뒤안길에서 30년을 보석같이 묻어둔 국민연금을 「노령연금」이란 시에서 꼬박꼬박 살아온 삶의 적금에 감사하면서 고요한 서실에서 「서실의 시간」을 가지며 붓을 잡고, 인생을 써 내려간다. '화선지 위에 내려앉은/ 하얀 침묵// 묵향 젖은 예술혼/ 나를 만든다// (중략) 잊고 지낸 문방사우도 만나/ 사방이 환하다// 과거를 찾아/ 현재를 그리고// 현재를 찾고서야/ 너를 만난다' 라며 자아 성찰의 적요(寂寥)한 시간을 자청한다. 이제 인생의 고갯마루에 하얗게 내리는 머리 위 서리를 보며 시 「저만치 가는 세월」에서 침잠의 시간을 갖는다. '세월은 소리 없이/ 나이테를 만들고// 그을린 피부에/ 골짜기를 만든다// (중략) 세월의 주막엔/ 밤비가 내리고' 라며 성황당 고개에 올라선 시인은 자신의 옷매무새를 여민다.

　정 시인이 삶을 대하는 태도의 결정판은 「오늘, 나는」이라는 시에서 '오늘을 가슴에 담자/ 지금 이 순간에도/ 꽃은 피고 지고/ 세월의 바퀴는 굴러 가나니// (중략) 비록 그것이 미완성이라도/ 내가 할 수 있는 안간힘의 끝이면 그만/ 더러 못 미치면 또 어떠리// (중략) 빛나는 오늘/ 또 하루를 보내며/ 다시 새겨보면서' 라고 지금처럼 살아온 대로 하루하루 정성을 다해 석양의 인생길을 의미 있게 살겠다는 다짐을 시의 얼굴로, 문학의 이름으로 다시 하고 있어 정일광 시인의 첫 시집 출간을 다시 한번 축하드린다.

문학세계대표작가선 1058

남강의 추억

정일광 시집

인쇄 1판 1쇄 2025년 9월 12일
발행 1판 1쇄 2025년 9월 19일

지 은 이 : 정일광
펴 낸 이 : 김천우
펴 낸 곳 : **문학세계** 출판부 / 도서출판 **천우**
등   록 : 1992. 2. 15. 제1-1307호
주   소 : 서울시 광진구 구의강변로 85 강우빌딩 7F
전   화 : 02)2298-7661
팩   스 : 02)2298-7665
http://cafe.naver.com/chunwu777
E-mail : cw7661@naver.com

ⓒ 정일광, 2025.

값 18,000원

＊도서출판 천우와 저자의 서면 동의 없는 무단 전재 및 복제를 금합니다.
＊저자와의 협의에 따라 인지는 생략합니다.

ISBN 978-89-7954-965-2